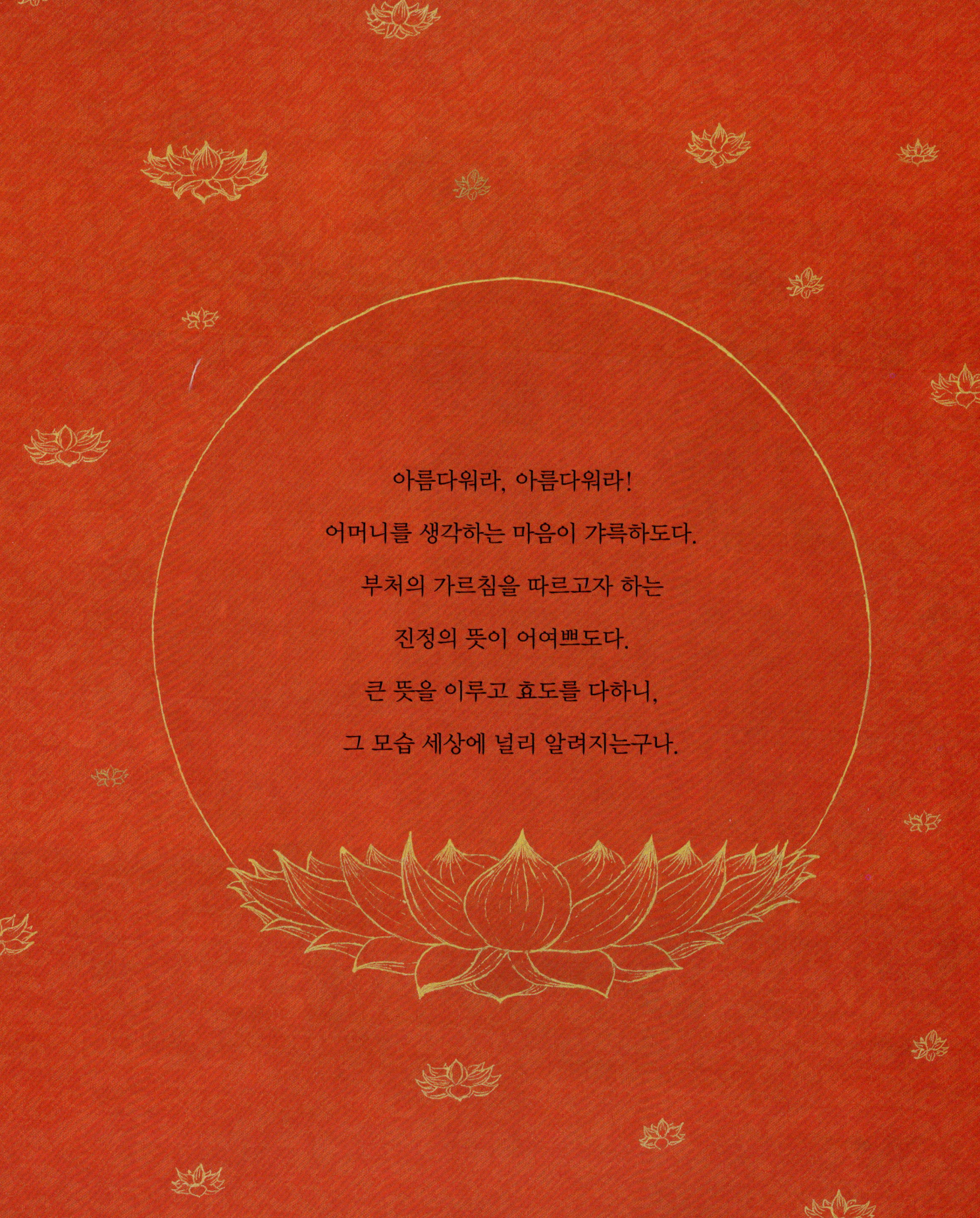

아름다워라, 아름다워라!
어머니를 생각하는 마음이 갸륵하도다.
부처의 가르침을 따르고자 하는
진정의 뜻이 어여쁘도다.
큰 뜻을 이루고 효도를 다하니,
그 모습 세상에 널리 알려지는구나.

글 | 주효진

책 읽기를 좋아하는 큰아이, 달리기를 좋아하는 작은아이와 함께 늘 행복한 엄마입니다.
세상의 많은 것을 경험하고, 더 신 나게 노는 방법을 연구하면서 즐겁게 글을 쓰려고 합니다.
지은 책으로는 《누나가 최고야》가 있습니다.

그림 | 김종민

충남대학교에서 철학을 공부하고, 한국일러스트레이션학교와 서울시립대학교 대학원에서
일러스트레이션을 공부했습니다. 그린 책으로는 《소 찾는 아이》《조각난 하얀 십자가》《오봉산의 꽃》
《구두장이와 악마》《사냥꾼 키쉬》 등이 있습니다.

감수 | 김영심

서울대학교 국사학과를 졸업하고, 같은 학교 대학원에서 한국 고대사를 전공하여 박사 학위를 받았습니다.
한국학중앙연구원, 서울대 규장각을 거쳐 지금은 가톨릭대학교 교양교육원 교수로 있습니다. 지은 책으로는
《한강에서 일어난 백제》《백제의 지방통치》(공저)《고대 동아세아와 백제》(공저) 등이 있습니다.

탄탄 샘솟는 삼국유사 효도와 깨달음을 이룬 진정

펴낸이 김동휘 | **펴낸곳** 여원미디어(주) | **주소** 경기도 파주시 회동길 130(문발동) 탄탄스토리하우스
출판등록 제406-2009-0000032호 | **고객상담실** 080-523-4077 | **홈페이지** www.tantani.com
글 주효진 | **그림** 김종민 | **감수** 김영심 | **기획** 아우라, 이상임 | **총괄책임** 김수현 | **편집장** 이정희 | **기획 편집** 최순영, 김희선
디자인기획 여는 | **아트디렉터** 김혜경, 이경수 | **디자인** 이희숙, 정혜란, 김윤신 | **사진진행** 시몽 포토에이전시
제작책임 정원성

판매처 한국가드너(주) | **마케팅** 김미영, 오영남, 전은정, 김명희, 이정희

ⓒ여원미디어 2008 ISBN 978-89-6168-172-8 ISBN 978-89-6168-209-1(세트)

※이 책은 저작권법에 따라 보호받는 저작물이므로, 무단으로 이 책 내용의 전부 또는 일부를 복사, 복제, 배포하거나 전산장치에 저장할 수 없습니다.
⚠ 주의 1. 책 모서리가 날카로워 다칠 수 있으니 사람을 향해 던지거나 떨어뜨리지 마십시오. 2. 보관 시 직사광선이나 습기 찬 곳은 피해 주십시오.

효도와 깨달음을 이룬
진정

원작 일연 | 글 주효진 | 그림 김종민

연원미디어

옛날 신라에 진정이란 젊은이가 살았습니다.
낮에는 다리를 놓거나 성 쌓는 일을 하고
밤에는 이집 저집 궂은일을 하러 다녔습니다.
날마다 열심히 일했지만 집이 너무 가난하여
늦도록 장가도 가지 못하였습니다.
다 쓰러져 가는 초가집에 홀어머니와 단둘이 살았는데,
살림이라고는 다리 부러진 무쇠솥이 전부였지요.

어느 날 진정이 일을 나간 뒤 스님 한 분이 집에 찾아왔습니다.
"절을 지으려 합니다. 어떤 물건이든 좋으니 부처님께 시주하여 주십시오."
어머니는 잠시 생각하더니 곧장 부엌으로 들어갔습니다.
그러고는 이내 다리가 부러진 무쇠솥을 들고 나왔습니다.
"저희 집에서 내어 드릴 수 있는 물건이라고는 이것뿐입니다."

저녁때가 되어 진정이 돌아올 시간이 다가오자
어머니는 어찌할 바를 몰랐습니다.
솥을 내어 주었으니 저녁밥 지을 일이 막막했습니다.
이윽고 집으로 돌아온 진정을 보자 어머니는 어렵게 입을 떼었습니다.
"내가 미처 네 생각을 못하고 그만 하나뿐인 솥을 시주하고 말았구나.
이 일을 어쩐단 말이냐!"
"어머니, 잘하셨습니다! 부처님을 위해 쓰셨으니
솥이 없다 한들 무슨 걱정이겠습니까?"
진정은 질그릇에 밥을 지어 어머니와 함께 먹었습니다.

하루는 진정이 일을 나갔는데 사람들이 모여 웅성이고 있었습니다.
"의상 스님의 강연이 그렇게 훌륭하다면서?"
"그러게 말이야. 세상 이치를 훤히 알고 계신대."
사람들은 태백산에 머무는 의상 스님 이야기를 하고 있었습니다.
진정은 자기도 모르게 귀를 기울였습니다.

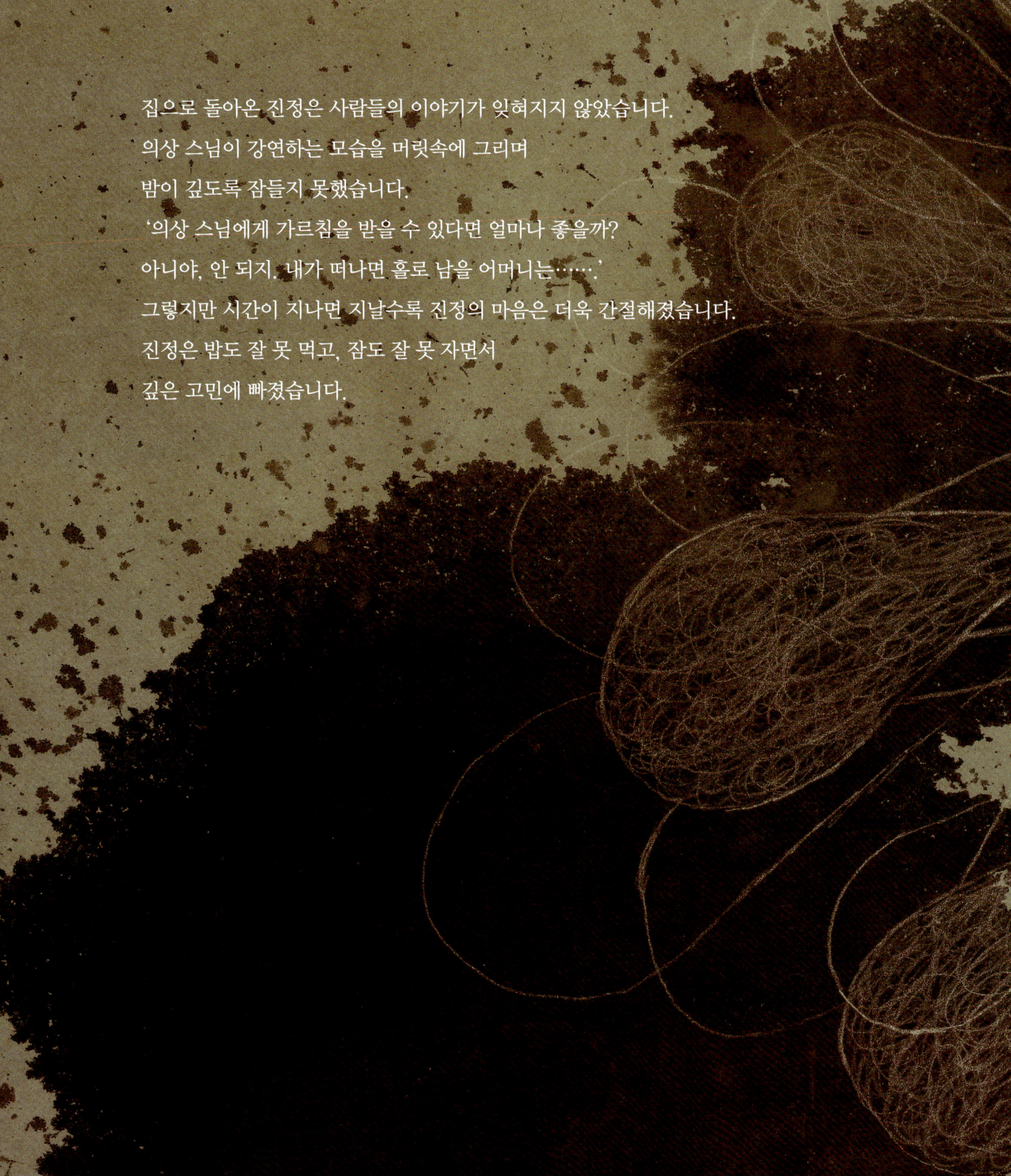

집으로 돌아온 진정은 사람들의 이야기가 잊혀지지 않았습니다.
의상 스님이 강연하는 모습을 머릿속에 그리며
밤이 깊도록 잠들지 못했습니다.
'의상 스님에게 가르침을 받을 수 있다면 얼마나 좋을까?
아니야, 안 되지. 내가 떠나면 홀로 남을 어머니는……'
그렇지만 시간이 지나면 지날수록 진정의 마음은 더욱 간절해졌습니다.
진정은 밥도 잘 못 먹고, 잠도 잘 못 자면서
깊은 고민에 빠졌습니다.

진정의 모습을 지켜보던 어머니가 물었습니다.
"무슨 걱정이 있는 게냐? 말해 보아라."
"의상 스님에게 가르침을 받고 싶습니다. 하지만…….
어머니를 편안히 모시고 효도를 다한 다음에
떠나겠습니다."
"네가 그런 생각을 하는 줄 미처 몰랐구나.
부처님의 가르침은 만나기 어렵고 인생은 너무나 빠르거늘
어찌 내가 죽고 난 뒤에 간다 하느냐? 어서 떠나도록 해라."
"어머니! 그럴 수는 없습니다."
"네가 있어 진수성찬을 차려 먹는다 한들
그것이 어찌 행복이라 하겠느냐?
네가 부처님의 가르침을 받고 깨달음을 얻는 일이
진정한 효도인 것을 왜 모르느냐?"

어머니는 곧바로 부엌으로 갔습니다.
그러고는 쌀자루를 탈탈 털어 한 톨도 남기지 않고 모두 밥을 지었습니다.
"밥을 지어 먹으면서 가려면 너무 오래 걸릴 것 같구나.
한 끼만 나와 함께 먹고 나머지는 모두 싸 가지고 어서 가거라."
"어머니를 두고 떠나는 것도 발걸음이 떨어지지 않는데,
어찌 남은 밥마저 싹싹 긁어서 떠나라고 하십니까?"
진정은 눈물을 흘리며 어머니가 싸 준 보따리를 풀었습니다.
그러나 어머니는 굳은 표정으로 다시 보따리를 쌌습니다.
"나는 어찌하든 굶지는 않을 테니 걱정하지 말아라."
이렇게 보따리를 싸고 풀기를 한 번, 두 번, 세 번에 이르자
더 이상 어머니의 뜻을 거스를 수 없었습니다.

진정은 어머니가 싸 준 보따리를 가지고 집을 떠났습니다.
사흘 밤낮을 쉬지 않고 걸어 마침내 태백산에 도착하였습니다.

진정은 머리를 깎고 의상 스님의 제자가 되었습니다.
그리고 먹을 양식을 다 내어 준 어머니를 늘 기억했습니다.
홀로 남아 있는 어머니에게 부끄러운 아들이 되지 않기 위해
열심히 부처님의 말씀을 가슴에 새겼습니다.

태백산에 들어간 지 삼 년이 지난 어느 날,
진정은 어머니가 돌아가셨다는 소식을 들었습니다.
'아, 어머니, 어머니……'
아들을 그리워하며 세상을 떠났을 어머니,
진정은 어머니를 생각하며 뜨거운 눈물을 흘렸습니다.
밤하늘의 달도, 우뚝 서 있는 탑도 슬픔에 젖었습니다.

진정은 이내 부처님 앞에 바로 앉았습니다.
어머니를 모시지 못한 불효에 대해
간절한 마음으로 용서를 빌었습니다.
'꼭 깨달음을 얻어 어머니께서 원하시던
훌륭한 스님이 되겠습니다.'
진정은 모든 생각을 한곳으로 모아
부처님의 말씀을 생각하고 또 생각했습니다.

진정은 칠 일 만에 자리에서 일어났습니다.
그러고는 의상 스님에게 이 사실을 알렸습니다.
의상 스님은 곧바로 진정과 제자들을 이끌고 소백산 추동으로 갔습니다.
이곳에서 의상 스님이 《화엄대전》을 가르치니
무려 3천여 명의 사람들이 구름처럼 몰려들었습니다.
의상 스님은 사람들에게 하나뿐인 무쇠솥을 시주한 어머니와
진정한 효도를 한 아들의 이야기를 들려주었습니다.

90일 동안의 가르침이 끝나는 날,
진정은 꿈에서 어머니를 만났습니다.
"나는 이미 좋은 세상에 다시 태어났구나.
이제 내 걱정은 하지 말고 오직 부처님 말씀만 따르도록 하여라."
진정은 그제야 마음이 편안해졌습니다.

먼 훗날 진정은 많은 사람에게 부처님의 말씀을
널리 알리는 훌륭한 스님이 되었습니다.

 # 부모에 대한 효가 으뜸!

누구나 자신을 낳아 주고 고이 길러 준 부모에게 고마운 마음을 갖고 있지. 그런 고마운 마음으로 정성껏 부모를 모시는 것을 '효'라고 한단다.

지금으로부터 약 2500년 전에 중국의 공자는 사람이 반드시 지켜야 할 덕목 가운데 효를 제일 강조했어. 부모를 공경하고, 부모의 마음을 편안히 해 드려야 한다고 말했지. 이런 공자의 가르침은 중국뿐만 아니라 주위의 다른 나라에도 많은 영향을 미쳤단다.

우리나라도 삼국 시대 후반에 공자의 가르침을 받아들였어. 신라 진평왕 때 원광 스님이 가르쳐 준 다섯 가지 가르침인 '세속오계'에도 부모에게 효도하라는 내용이 있지. 당시 사회에서 효를 얼마나 중요하게 생각했는지 보여 주는 거란다.

2등 손순
어린 아들을 땅에 묻으려 하면서까지 효도를 다하려고 했던 손순은 마땅히 신라를 대표할 만한 효자이므로 표창하노라.

1등 향득
자신의 허벅지 살을 베어 드려 아버지를 살린 향득은 주위 사람들의 모범이 될 만한 효자이므로 크게 칭찬함이 마땅하노라.

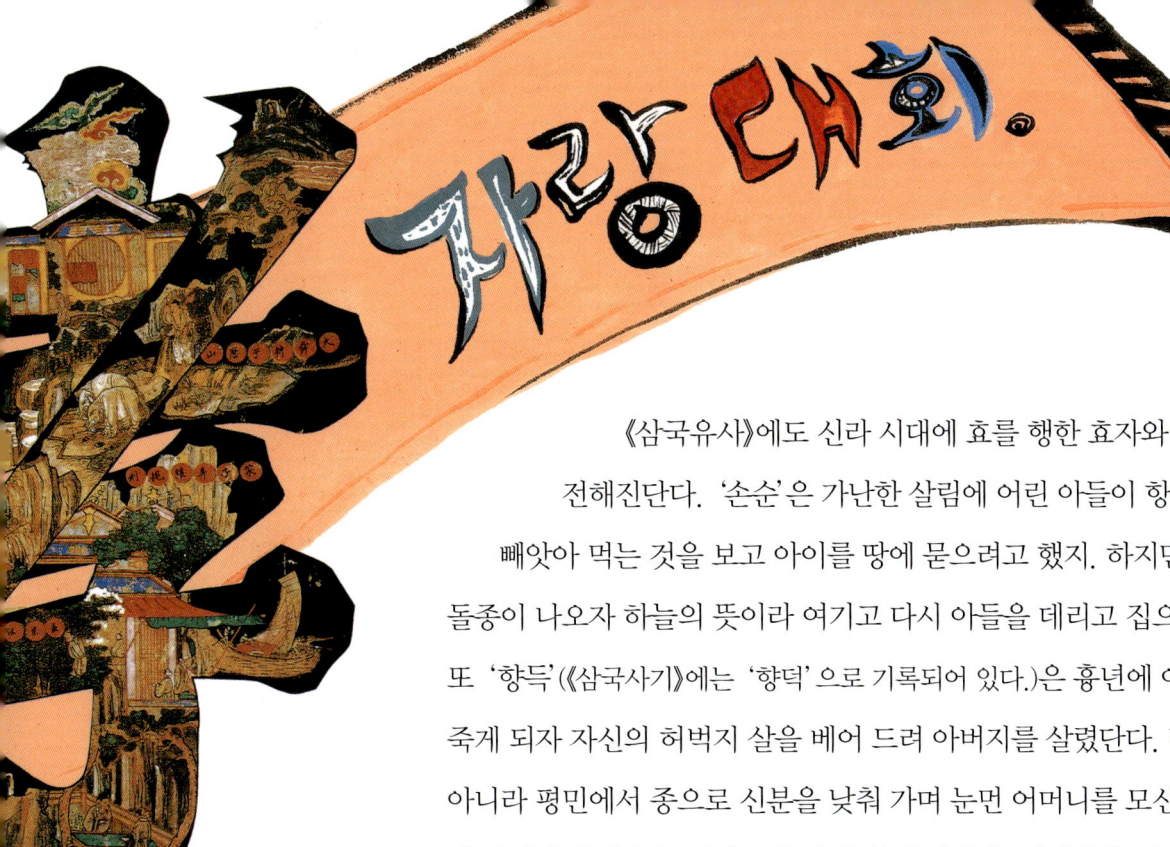

자랑대회

《삼국유사》에도 신라 시대에 효를 행한 효자와 효녀들의 이야기가 전해진단다. '손순'은 가난한 살림에 어린 아들이 항상 어머니의 밥을 빼앗아 먹는 것을 보고 아이를 땅에 묻으려고 했지. 하지만 땅을 팠을 때 돌종이 나오자 하늘의 뜻이라 여기고 다시 아들을 데리고 집으로 돌아왔어. 또 '향득'(《삼국사기》에는 '향덕'으로 기록되어 있다.)은 흉년에 아버지가 거의 굶어 죽게 되자 자신의 허벅지 살을 베어 드려 아버지를 살렸단다. 남의 집 품팔이뿐 아니라 평민에서 종으로 신분을 낮춰 가며 눈먼 어머니를 모신 '지은'도 있지. 이 이야기에 나오는 진정도 효자 중의 효자란다. 집안의 물건이라고는 다리 부러진 무쇠솥이 전부일 만큼 가난했지만, 홀어머니를 모시기 위해 밤낮으로 열심히 일했지. 의상 스님에게 부처의 가르침을 배우고 싶었지만 어머니를 모시기 위해 자신의 꿈은 뒤로 미뤄 두려고 했잖아? 가난한 어머니를 모시는 것이 진정한 효도라고 생각한 진정의 모습에서 당시 사람들의 효에 대한 생각을 살펴볼 수 있단다.

> **삼국 시대에는 사람이 반드시 지켜야 할 으뜸 덕목으로 효를 꼽았단다**

부끄럽습니다. 당연한 일인데요, 호호호!

3등 지은
남의 집 품팔이뿐 아니라, 평민에서 종으로 신분을 낮춰 가며 어머니를 모신 아름다운 마음을 칭찬하노라.

공자의 《효경》
《효경》은 공자가 효에 대해 제자들에게 가르친 내용을 정리한 책이다. 삼국 시대 이후로 어린아이부터 왕에 이르기까지 모든 사람들이 읽어야 하는 중요한 책이었다. 사진은 《효경대의》로 《효경》에 주석을 단 책이다.

부처의 가르침으로 지극한 효를 이루다

"어머니를 가까이에서 모시고 싶어요."

"일연은 정말 효자야."

효심이 깊은 진정은 결국 어머니를 남겨 둔 채 부처의 가르침을 배우기 위해 떠났어. 그렇다면 진정은 효를 다하지 못한 걸까? 《삼국유사》를 지은 일연은 오히려 진정이 '효'와 '선'을 모두 다 이루었고, 그 모습이 아름답기까지 하다고 생각했어. 여기서 '선'은 부처의 가르침을 깨닫는 것을 말하는 거란다.

일연이 왜 그렇게 생각했는지는 불교에서 말하는 효가 무엇인지를 살펴보면 쉽게 이해할 수 있단다.

부처를 따르는 스님이 되기 위해서는 머리를 깎고 세상을 떠나 절에서 살아야만 해. 자신을 낳아 준 부모도 자주 만날 수 없지. 어찌 보면 스님들은 모두 부모에게 효도하지 못하는 셈이야. 하지만 불교에서는 단지 부모가 살아 있을 때 맛있는 음식과 좋은 옷으로 모시는 것만이 효도라고 생각하지 않는단다.

《부모은중경》에 나오는 부모의 은혜

1. 잉태하고 지켜 준 은혜

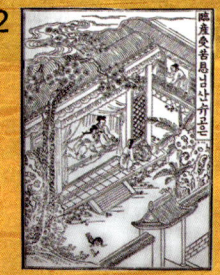
2. 출산의 고통을 견뎌 낸 은혜

3. 아기를 낳고 기뻐한 은혜

4. 쓰면 삼키고, 달면 뱉어서 먹여 준 은혜

5. 마른자리에 아기를 눕히고 젖은 자리에 누운 은혜

그러면 불교에서는 효를 어떻게 생각하고 있을까? 부처가 효에 관해 가르친 내용을 정리한 책인 《부모은중경》에서 그 답을 짐작해 볼 수 있단다.

"경전을 열심히 읽으면 공덕이 쌓여 부모가 나중에 좋은 세상에서 태어나 모든 즐거움을 누리고 고통에서 영원히 벗어날 수 있다."

즉, 살아 있는 동안 잘 모시는 것보다 자식이 부처의 말씀을 열심히 깨쳐 공덕을 쌓는 것이 효도라고 생각한 거지. 불교에서는 살아 있을 때 공덕을 쌓으면 좋은 모습으로 다시 태어날 수 있다고 믿거든. 부모가 돌아가신 뒤에 좋은 세상에서 다시 태어날 수 있도록 최선을 다하는 것이 불교에서 말하는 진정한 효도란다.

이 이야기에서 진정도 깨달음을 얻어 공덕을 쌓음으로써 어머니에게 효를 다할 수 있었어. 그런데 이러한 진정의 모습은 일연의 일생과도 무척 닮았단다. 일연도 진정과 마찬가지로 홀어머니를 두고 부처의 가르침을 배우기 위해 떠났지.

일연은 자신의 모습과 비슷한 진정의 이야기를 통해 참된 효에 대해 이야기하고 싶었던 거야.

하지만 일연도 어머니를 가까이에서 모시지 못한 것을 늘 안타까워했던 것 같아. 훗날 국사라는 높은 관직을 버리고 팔십이 넘은 나이에 어머니를 극진히 모셨다고 전해진단다.

> 부처님의 가르침을 깨달았으니, 이제 어머니를 모실게요.

6. 젖 먹여 길러 준 은혜
7. 깨끗이 씻어 준 은혜
8. 길 떠날 때 걱정하는 은혜
9. 자식을 위해 괴로운 일까지 서슴지 않는 은혜
10. 끝까지 사랑해 주는 은혜

■■ 부록

역사의 열쇠 1, 2 글 강호선 | 그림 김선배
역사 놀이터 글 김희선 | 그림 김선배

■■ 사진 출처 및 제공처

역사의 열쇠 1 효 문자도_삼성미술관 | 효경_문경새재박물관

※ 이 책에 사용한 모든 자료의 출처를 밝히기 위해 최선을 다했습니다. 빠지거나 잘못된 점을 알려 주시면 바로잡겠습니다.

■■ 일러두기

· 맞춤법, 띄어쓰기는 국립국어연구원에서 펴낸 〈표준국어대사전〉을 기준으로 삼았습니다.
· 외국 인명, 지명은 국립국어연구원에서 펴낸 〈외래어 표기 용례집〉을 따랐습니다. 단, 중국 지명은 현지음에 따랐습니다.
· 역사 용어는 교육인적자원부에서 펴낸 〈교과서 편수자료〉에 따르되, 어려운 용어는 쉽게 풀어 썼습니다.
· 옛 지명은 ( ) 안에 현재 지명을 함께 적었습니다.
· 연도나 월은 1895년 태양력 사용을 기점으로 이전은 음력으로, 이후는 양력으로 표기했습니다.

▶▶ **역사 놀이터 정답**

❶ 진정 ❷ 의상 ❸ 일연 ❹ 원효 ❺ 문무왕

《효도와 깨달음을 이룬 진정》은 《삼국유사》 효선 편 〈진정사 효선쌍미〉에 실린 이야기입니다.
'효(孝)'는 부모에 대한 효도를 말하며 '선(善)'은 불교에 대한 신앙을 의미합니다.
효선 편에서는 지극한 효심으로 부모를 모신 효자, 효녀 이야기를 다루고 있습니다.